Die Reiterhilfen

Tips für Anfänger und Fortgeschrittene

von
Pegotty Henriques

Illustriert von
Carole Vincer

CADMOS

Aus dem Englischen von
Marie-Luise von der Sode

Titel der Originalausgabe:
Pegotty Henriques, The Rider's Aids
Threshold Picture Guide Nr. 20

Cadmos Verlag
Kavalkade-Ratgeber Nr. 1
Für die deutsche Ausgabe:

Umschlaggestaltung: Ravenstein Brain Pool

Printed in Germany
ISBN 3-86127-204-0

Inhalt

Die Reiterhilfen
Tips für Anfänger und Fortgeschrittene

EINLEITUNG

„Hilfen" nennt man das System von Zeichen und Signalen, die der Reiter einsetzt, wenn er mit dem Pferd kommuniziert und ihm zeigen will, was es tun soll.

Die Hilfen werden zumeist ohne Worte übermittelt. Sie sind ein Austausch von Berühren und Fühlen. Beim besser ausgebildeten Pferd werden die Reiterhilfen vielfältiger und unauffälliger.

Die Grundlagen der Hilfengebung sollten einfach und klar sein. Die Reitkunst hat sich über viele Jahrhunderte entwikkelt, und so sind verschiedene Richtungen entstanden.

Alle klassischen Schulen haben ihren Ursprung in den berühmten Kavallerieschulen Europas und sind bewährte und effektive Kommunikationssysteme zwischen Reiter und Pferd.

Solange der Reiter bei einem Bezugssystem bleibt, ist es egal, welches er einsetzt. In diesem Buch beschreiben wir für Sie die am häufigsten gelehrten Hilfen.

Als Reitschüler sollte man mit der Variationsbreite in der Hilfengebung vertraut sein, da man in die Situation kommen kann, unterschiedlich ausgebildete Pferde zu reiten.

Als Reitanfänger sollte man nicht zu komplex denken, sondern die Basishilfen einsetzen.

Der Reiter sollte sich zu jeder Zeit darüber im klaren sein, wie genau er seine Botschaft dem Pferd überbringen möchte. Wenn er nachhaltig klar darin bleibt, wird das Pferd ihn bald verstehen.

Pferde verstehen

Über Tausende von Jahren war das Pferd ein freies Geschöpf im wilden Herdenverband. Es verließ sich auf seine Schnelligkeit, seinen Geruchssinn, seine Augen und Ohren im Kampf ums Überleben.

Das Pferd ist von Natur aus nicht aggressiv, und wenn es sich so verhält, dann nur, um sich zu schützen oder zu verteidigen.

Moderne Pferdeleute wissen, daß man mit Ruhe und Freundlichkeit leicht das Vertrauen des Pferdes gewinnen kann. Wenn das Pferd dem Reiter erst einmal vertraut, tut es alles für ihn. Stört man dieses Vertrauen, indem man es z.B. zu lange oder zu hoch über Hindernisse springen läßt, braucht es einige Zeit, um dieses Vertrauen wiederzugewinnen.

Obwohl es so aussieht, ist das Pferd kein sehr intelligentes Tier. Jedoch hat es ein enormes Erinnerungsvermögen an alle Situationen, ob sie nun von Freude und Lob geprägt waren oder von Angst und Strafe. Aber im Umgang mit diesem Erinnerungsvermögen des Pferdes wissen wir, wie wir es trainieren müssen.

Viele Reiter vergessen immer wieder, daß das Pferd erst lernen muß, die Hilfengebung zu verstehen. Es ist keine natürliche Reaktion des Pferdes, daß es anhalten soll, wenn am Zügel gezogen wird, oder vorwärtsgehen, wenn es leicht getreten wird. Tatsächlich ist es genau umgekehrt.

Auch wenn es faul oder ungehorsam sein kann, lernt es trotzdem Respekt und Gehorsam vor dem Reiter, der seine Hilfen nachhaltig durchbringt und danach lobt.

Stellt sich das Pferd zügig und korrekt auf den Reiter, wird es sofort mit einem freundlichen Wort oder einem Klopfen gelobt. Reagiert es nicht, wird es genauso unverzüglich korrigiert.

Wo das Pferd sensibel ist

Einige Partien am Pferdekörper sind besonders sensibel. Der Reiter kann sie leicht berühren, wenn er im Sattel sitzt.

Die vielleicht bedeutendste Stelle befindet sich gleich neben dem Absatz des Reiters. Dieser Bereich erstreckt sich weiter unter dem Pferdebauch und hinter dem Reiterabsatz.

Auch die Flanken des Pferdes sind sensibel. Sie können natürlich nur mit der Gerte erreicht werden. Im Bereich unter dem Sattel - der Sattellage - kann das Pferd jede Gewichtsverlagerung spüren und dadurch beeinflußt werden.

Die ganze Gegend rund um das Maul und die Maulspalte ist sehr sensibel; der Reiter kann dort durch einen groben Umgang mit Gebiß und Zügeln sehr leicht Schmerzen verursachen.

Das Pferd reagiert auf die Stimme des Reiters und zeigt mit seinem Ohrenspiel an, was es denkt. Ein Pferd wird sehr gerne an den Halsseiten rechts und links vor dem Widerrist gekrault. Pferde auf der Weide kann man so oft bei der gegenseitigen Fellpflege beobachten.

Pferde lernen sehr schnell, einen Reiter auf dem Rücken zu dulden, jedoch ignorieren sie genauso schnell einen Reiter, der immerzu am Zügel zieht oder es in die Seiten tritt.

Viele Reiter beklagen sich darüber, daß ihr Pferd unsensibel sei. Haben sie dasselbe Pferd schon gesehen, wenn eine Fliege auf ihm landet?

Es sind die Reiter, die ihr Pferd unsensibel machen, wenn sie die Hilfengebung grob und ungenau einsetzen. Pferde gewöhnen sich sehr schnell an einen erstaunlich hohen Grad von Unbequemlichkeit.

Die rot schraffierten Partien zeigen, wo das Pferd sensibel ist in bezug auf Spüren, Hören oder Sehen.

Viele verschiedene Signale gleichzeitig eingesetzt verwirren das Pferd schnell, und es wird sie lieber ignorieren.

Der Sitz des Reiters

Die Signalsprache des Reiters geht hauptsächlich über den Unterschenkel, über seine Hände und sein Gewicht. Außerdem setzt er seine Stimme und manchmal Sporen und Gerte ein.

Es ist schwierig für den Anfänger, Hilfen einzusetzen, da er aus dem Gleichgewicht kommt. Deshalb geht es beim Reiten zuerst darum, einen ausbalancierten Sitz zu entwickeln.

Dazu muß der Reiter in der Mitte des Sattels und in dessen tiefstem Punkt sitzen. Sein Oberkörper ist aufgerichtet, während er gleichmäßig beide Gesäßknochen belastet.

Wenn man im Stand von hinten schaut, sollte eine gedachte Linie von der Wirbelsäule des Reiters über der Wirbelsäule des Pferdes durch die Mitte seiner Schweifrübe laufen. Seine Füße, Hüften und Schultern sollten jeweils gleich hoch sein.

Von der Seite aus gesehen geht die senkrechte Linie durch das Ohr, die Schulter, die Hüfte und den Absatz des Reiters. Wenn das Pferd sich bewegt, kommt der Reiterkörper mit in die Bewegung hinein. Wenn er versucht, sich mit den Beinen festzuhalten oder steif und verkrampft wird, bekommt das Pferd viele unbeabsichtigte Zeichen, besonders ins Maul hinein.

Der Reiter schwingt die Bewegungen des Pferdes über seine Wirbelsäule und seine Hüftgelenke aus. Wenn er sich steif macht, plumpst er unbequem im Sattel hin und her.

Es ist daher leicht verständlich, daß Pferde, die viele Anfänger auf ihrem Rücken tragen, sehr schnell lernen, Tritte, Püffe und Zerren am Zügel zu ignorieren.

Reiter müssen erst lernen, unterschiedliche Muskelpartien zu kontrollieren. Kraft wird dabei kaum eingesetzt.

Für einen Reiter, der mit seinem Pferd im Gleichgewicht ist, ist Reiten eher mühelos.

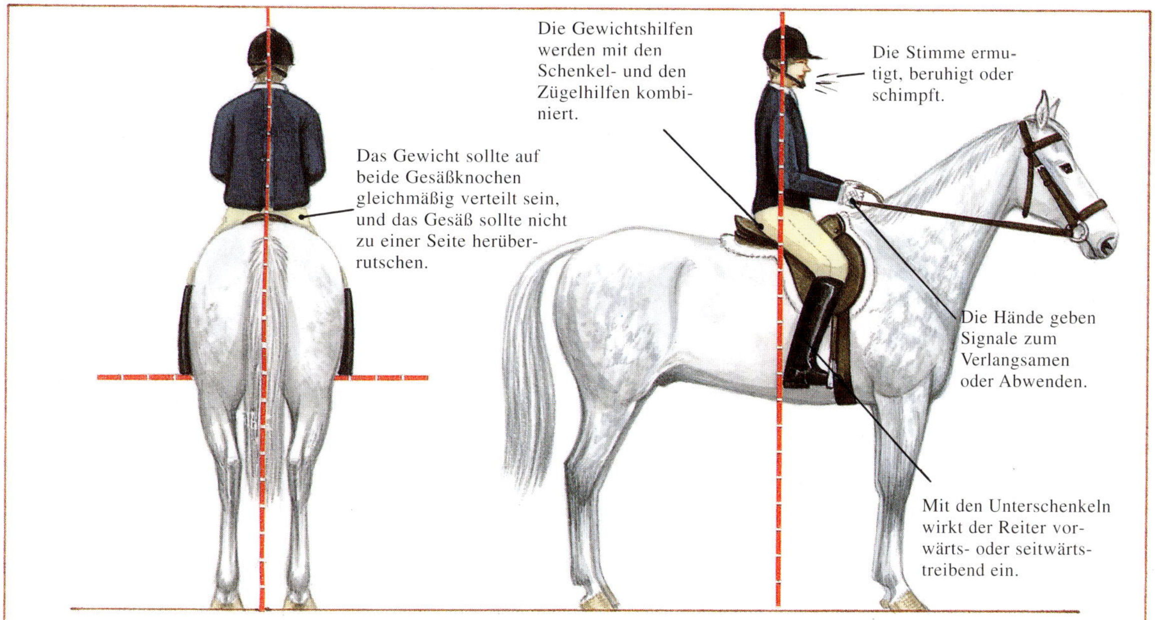

IM GLEICHGEWICHT

DIE REITERHILFEN

Der Sitz des Reiters

Der Reiter sollte im tiefsten Punkt des Sattels sitzen. Das Gewicht ist auf beide Gesäßknochen gleichmäßig verteilt.

Sein Oberkörper sollte aufgerichtet sein und nicht in der Taille einknicken. Durch sein Ohr, seine Schulter, seine Hüfte und seinen Absatz geht eine senkrechte Verbindung.

Sein Oberschenkel sollte leicht gegen den Sattel liegen, während das Gewicht der Beine zum Fußballen sinkt und der Fuß auf natürliche, unverkrampfte Art im Steigbügel ruht.

Der Unterschenkel sollte an den Seiten des Pferdes weich anliegen. Der Absatz ist dabei tiefer als der Fußballen.

Im Schritt geht der Reiter harmonisch mit den Bewegungen des Pferdes mit. Seinen Bauch läßt er dabei vor- und zurückschwingen.

Im Trab kann der Reiter entweder aussitzen, genau wie im Schritt, oder leichttraben. Beim Leichttraben nimmt der Reiter beim ersten Trabschritt sein Gesäß aus dem Sattel und steht halb im Steigbügel auf, senkt das Gesäß beim zweiten Trabschritt dann wieder in den Sattel. Das ist die bequemere Sitzart sowohl für das Pferd als auch für den Reiter. Beim Aussitzen jedoch kann der Reiter das Pferd stärker über seinen Sitz formen.

Beim Galopp bleibt der Reiter mit dem Gesäß im Sattel und schwingt mit dem Oberkörper vor und zurück, ohne in der Taille einzuknicken. Wenn er sein Hüftgelenk versteift, fliegt er unkontrolliert hin und her. Beim Springen und im Renngalopp lehnt sich der Reiter so nach vorne, daß er die Balance über seinen Füßen behält, während er das Gewicht aus dem Sattel nimmt.

Die Hände des Reiters sollten so gestellt sein, daß eine gerade Verbindung von seinem Handrücken zum Pferdemaul verläuft.

Der Reiter legt das Gewicht durch seine Knie hindurch auf die Fußballen. Er ist im Gleichgewicht und kann dadurch einen beständigen Zügelkontakt halten.

Ein Anfänger, der aus dem Gleichgewicht und hier hinter der Bewegung ist, kann seine Hände nicht kontrollieren, da er die Kontrolle über seinen Körper verloren hat.

Während der nickenden Bewegung des Pferdekopfes muß der Zügelkontakt gleich bleiben. Dafür muß der Reiter seine Ellbogen - und Schultergelenke frei einsetzen. Zügelhilfen bringt er über ein Schließen der Finger an.

Leichte Zügelhilfen sind nur dann wirksam, wenn der Zügelkontakt gut ist. Der Unterschenkel des Reiters sollte leicht und gleichmäßig an den Seiten des Pferdes anliegen. Schenkelhilfen werden dort eingesetzt, wo der Schenkel normalerweise liegt und auch zwei bis drei Handbreit - also deutlich - hinter dem Gurt. Die Zehen zeigen dabei weiter nach vorne.

DIE LAGE DES SCHENKELS

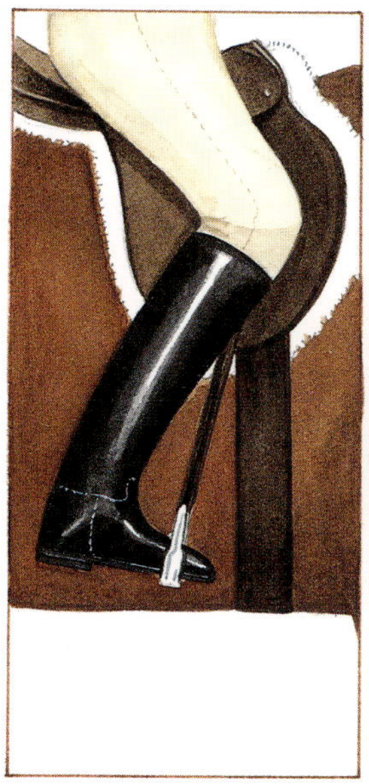

Der Unterschenkel wird entweder hinter dem Gurt oder am Gurt eingesetzt. Er wirkt entweder mit konstantem Druck gegen das Pferd oder mit einem kurzen Druck.

DIE ZÜGELHALTUNG

Die Zügel werden zwischen dem Ringfinger und dem kleinen Finger geführt, sowie über dem Zeigefinger und unter dem Daumen entlang. Die Fingernägel sollten den Handballen berühren.

Das Körpergewicht

Anfänger müssen sich immer wieder darauf konzentrieren, in der Mitte des Sattels zu sitzen und das Gewicht gleichmäßig zu verteilen. Wenn ein schiefer Sitz zur Angewohnheit wird, ist er sehr schwer zu korrigieren.

Ein Reiter, der schief sitzt, stellt sein Pferd schief ein, weil das Pferd sich unter den Schwerpunkt des Reiters ausrichtet.

Wenn der Reiter schief sitzt, sieht es oft so aus, als wären seine Steigbügel verschieden lang. Wahrscheinlich ist, daß er zu einer Seite herunterrutscht und mehr Gewicht in den Steigbügel legt.

Sehr verbreitet ist der Fehler, auf die Außenseite des Sattels zu rutschten, wenn das Pferd in die Gegenrichtung abwendet. Der Reiter knickt in der inneren Hüfte ein und legt das Gewicht auf den äußeren Steigbügel. Sich auf den inneren Steigbügel zu legen, ist jedoch ebenfalls ein Fehler.

Wenn der Reiter sich beim Springen immer nach einer Seite lehnt, wird sein Pferd mit Sicherheit bald über dem Sprung schief sein. Jedoch kann man das auch zum Vorteil des Reiters einsetzen, wenn er sich noch in der Luft - über dem Sprung - umsetzt, um in die andere Richtung weiterzureiten.

Der fortgeschrittene Reiter setzt die Gewichtshilfen weich ein. Er kann damit kraftvoll einwirken, wenn das Pferd höher ausgebildet ist. Die Gewichtshilfe wird eingesetzt, indem man die eine oder beide Hüften etwas nach vorne drückt.

Wenn der Reiter sich angewöhnt hat, schief zu sitzen, muß er sich erst gerade ausrichten und dann die Gewichtshilfen erlernen. Jemand, der immer schief einwirkt, hat nicht nur einen lähmenden Einfluß auf sein Selbstbild und seine Fähigkeiten z.B. Hilfen einzusetzen, sondern auch auf sein Pferd, das sich dann einseitig und steif entwickelt.

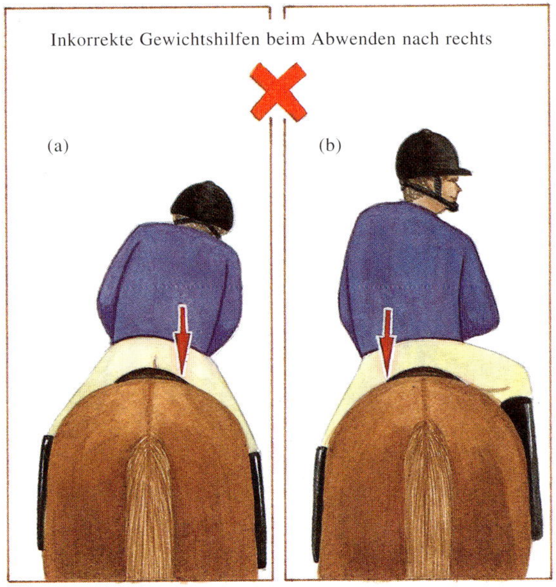

a) Der Reiter stört das Gleichgewicht des Pferdes, indem er nach vorne fällt und seitlich einknickt. b) Das Hüftgelenk rechts schließt sich und der Reiter rutscht auf die Außenseite.

Das Gewicht wurde nach links verlagert. Das Pferd hat schon reagiert und landet so, daß es am besten nach links abwenden kann.

Die Stimme des Reiters

Die menschliche Stimme ist von großer Bedeutung beim Training eines Pferdes.

Seit dem ersten Kontakt mit Menschen hat es gelernt, verschiedene Stimmvarianten und Tonfälle zu unterscheiden sowie Futterzeit, Freude oder Schimpfen zu erkennen. Im allgemeinen lernt es, auf Anruf zu kommen und auf einige Kommandos zu hören, z.B. „Steh".

Wird das etwas ältere Pferd dann an der Longe ausgebildet, lernt es einige Worte, z.B.: „Schritt", „Trab", „Galopp marsch", „Halt", „Langsam ruhig" oder „Brav". Spätestens zum Zeitpunkt des Rückwärtsrichtens gehen die Wortkommandos in ein System körperlicher Signalsprache über, die wir die *Reiterhilfen* nennen. Von da an kann der Reiter jedoch seine Hilfen mit Wortkommandos unterlegen, um sicherzugehen, daß das Pferd ihn richtig verstanden hat.

Auch das bestausgebildete Pferd läßt sich zweifellos über den Gebrauch der Stimme beruhigen und besänftigen, ermutigen oder ausschelten, je nachdem wie die Stimme eingesetzt wird.

Das Pferd kann sehr schnell den Gemütszustand des Reiters übernehmen und auf nervöse oder aggressive Worte reagieren.

Ein Reiter, der in Panik kommt und schreit, wenn sein Pferd sich erschrickt, wird die Angst des Pferdes noch verstärken. Besser ist es, mit besänftigenden Worten beruhigend einzuwirken.

In jedem Fall versteht das Pferd genau, wenn es gut gewesen ist. Dazu freut es sich über ein „Sehr gut" des Reiters, wenn es nicht ein echter Knurrhahn ist.

Es ist wichtig, ein Wort in immer derselben Tonlage zu gebrauchen. Denn auf den Tonfall in der Stimme reagiert das Pferd.

Ein aufmerksames Pferd, das auf die Hilfen und den Tonfall des Reiters hört. Dafür legt es oft seine Ohren nach hinten oder trägt sie zur Seite gedreht.

Ein erhobener Kopf mit nach vorne gestellten Ohren zeigt Unaufmerksamkeit an. Durch Kombination von Schenkel- und Stimmhilfen holt der Reiter die Aufmerksamkeit zurück.

Erste Hilfengebung

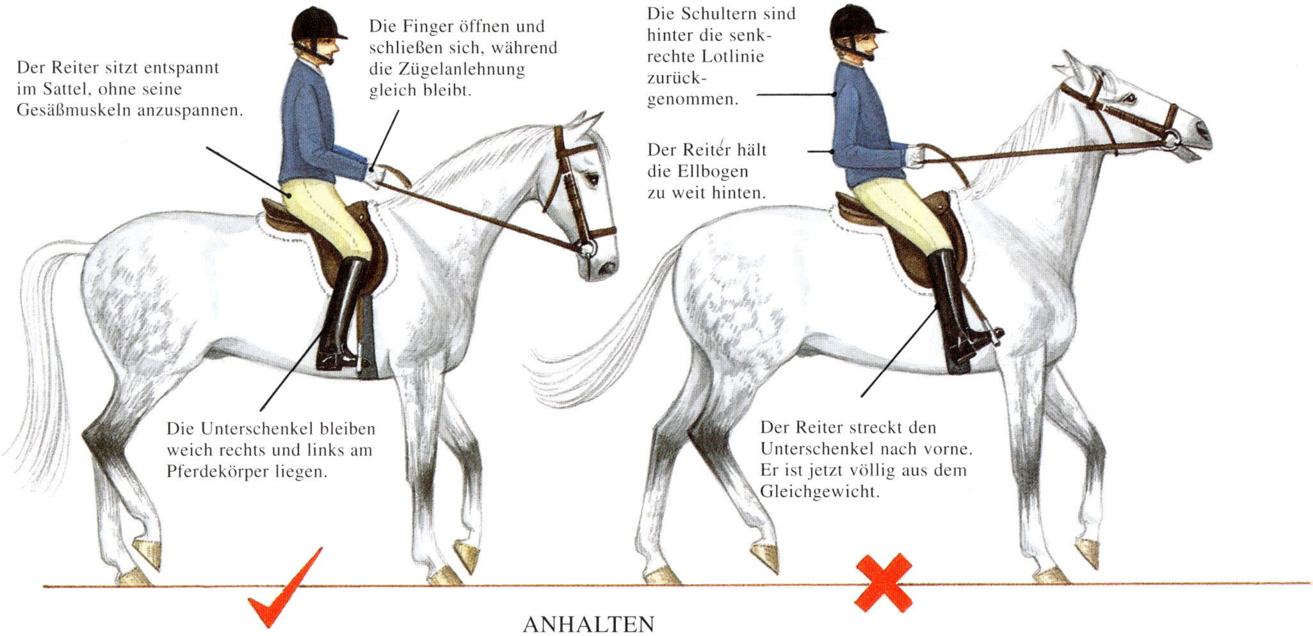

ANHALTEN

Als erstes sollte ein Reitanfänger lernen, wie er sein Pferd anhält.

Sein Oberkörper ist aufgerichtet und soll weder nach vorne noch nach hinten fallen. Seine Unterschenkel liegen entspannt am Pferdeleib an, ohne zu klammern. Er sollte über den Zügelkontakt das Pferdemaul spüren und dabei seine Finger leicht gegen die Handinnenfläche schliessen, wodurch der Zügel ganz kurze Zeit etwas fester ansteht. Manchmal muß der Reiter dieses Schließen und Öffnen der Hand mehrfach wiederholen, bevor das Pferd ihn verstanden hat. Mit einem beruhigenden „Brrr" oder „Halt" kann er diese Hilfe unterstützen. Denken Sie daran, daß jeder Reiter die Hilfen etwas anders ausführt und das Pferd sich auf jede Veränderung erst einstellen muß.

Um vom Halten in den Schritt oder Trab zu kommen, macht der Reiter mehrfach leicht die Unterschenkel zu, während der Zügelkontakt gleich bleibt. Wenn das Pferd reagiert, sollte der Reiter darauf achten, mit den Händen nicht rückwärts einzuwirken aber trotzdem die Zügelanlehnung zu behalten. Für eine Wendung nach links muß der Reiter versuchen, das Gewicht gleichmäßig auf beiden Gesäßknochen zu behalten. Mit dem linken Bein verstärkt er den Druck, ohne dabei die Fußspitzen nach außen zu drehen. Die linke Hand macht er vermehrt zu, um den Kontakt am linken Zügel zu verstärken.

Am Anfang einer Wendung nimmt das Pferd seinen Hals in die neue Bewegungsrichtung. Der Reiter muß diesen Vorgang achtsam unterstützen, indem er bei der Linkswendung mit der rechten Hand vorgeht. Dabei bleibt der Zügel jedoch in stetiger, leichter Anlehnung an das Pferdemaul. Wenn der äußere Zügel, also in diesem Fall der rechte Zügel, durchhängt, hat das Pferd die Möglichkeit, nur im Hals nach links abzubiegen, während es im Körper weiter geradeaus läuft.

ANREITEN

ABWENDEN

Wenn der Reiter nach links abwenden will, schließt er wiederholt die linke Hand und legt den linken Unterschenkel an.

Der Reiter fällt nach innen und kreuzt fehlerhaft mit der rechten Hand über den Mähnenkamm.

Die künstlichen Hilfsmittel

Gerte und Sporen nennen wir die künstlichen Hilfsmittel.

Anfänger sollten nie Sporen tragen und auch junge Reiter nicht. Sie könnten dem Pferd zu leicht Schaden zufügen, wenn sie das Gleichgewicht verlieren und damit die Beinkontrolle.

Sporen werden so angepaßt, daß der längere der beiden Metallbogen auf die Fußaußenseite kommt und die Sporenspitze nach unten zeigt. Er sollte an der Stiefelnaht entlang nach unten angepaßt sein. Der Verschluß und die Endstrippe verlaufen in Richtung Fußaußenkante. Der Sporn selber sollte abgerundet sein, um das Pferd nicht zu verletzen. Nur die Innenseite der Sporen sollten Sie am Pferd einsetzen.

Der unerfahrene Reiter kann viel leichter den Gebrauch einer Gerte lernen. Dressurgerten sind ziemlich lang (1,10 bis1,30 m). So kann der Reiter sie hinter seinem Schenkel einsetzen, ohne die Hand vom Zügel zu nehmen. Die Dressurgerte ist beim Springen zu unhandlich. Daher ist die Springgerte wesentlich kürzer (50 bis 80 cm). Beim Gebrauch wird die Gertenhand vom Zügel genommen.

Ziel beim Gerteneinsatz ist es nicht, dem Pferd Schmerzen zuzufügen. Der Sinn liegt in einer spontanen und scharfen Verstärkung, wenn Schenkelhilfen vom Pferd ignoriert werden.

Diese Unterstützung der Schenkelhilfen durch die Gerte ist viel weicher als ein kontinuierliches Hineinboxen in die Seiten.

Die Gerte kann man in jeder Hand führen. Sie sollten sie dorthin wechseln, wo sie gebraucht wird. Wenn das Pferd z.B. auf eine Schenkelhilfe des rechten Reiterbeines nicht reagiert, sollten die Gerte schnell nach rechts genommen werden, um den rechten Schenkel zu unterstützen.

Sporen: korrekt angepaßt und eingesetzt. Mit der Innenseite wird der Pferdekörper berührt.

Wenn der Reiter die Fußspitzen nach außen dreht, sticht er mit den Sporen direkt in die Weichen des Pferdes. Dadurch kann es sich sehr leicht verletzen oder wundscheuern.

DAS ÜBERWECHSELN DER DRESSURGERTE

Übernehmen Sie als erstes beide Zügel mit der Gertenhand. Drehen Sie dann die Gertenhand nach außen, bis die Gerte senkrecht nach oben weist.

Mit der freien Hand greifen Sie dann von oben an die Gerte und mit der Gerte zurück in die Zügel. Der erfahrene Reiter lobt sein Pferd vor dem Gertenwechsel, damit es sich sicher fühlt.

WECHSEL DER SPRINGGERTE

Sie können die Zügel auch in die Gertenhand übernehmen. Ziehen Sie die Gerte dann mit der freien Hand aufwärts durch die Handfläche und nehmen Sie danach den Zügel wieder auf.

Halten Sie die Gerte nicht mit der Spitze nach oben. Beim Einsatz ist sie für das Pferd zu schmerzhaft und außerdem könnten Sie sich im Auge verletzen.

Verfeinerte Hilfengebung

Wenn der Reitanfänger die erste Hilfengebung zum Anhalten, Anreiten und Abwenden beherrscht, sollte er bestrebt sein, seine Hilfen kontinuierlich zu verfeinern.

Zuerst muß er dafür seinen Grundsitz festigen. Das ist mehr eine Frage von Gleichgewicht und Losgelassenheit als von Kraft und Stärke.

Sobald der Reiter mit den verschiedenen Bewegungssequenzen des Pferdes vertraut ist und harmonisch mitschwingt, sollte er seine Hilfen verfeinern.

Er muß lernen, seine Hände unabhängig voneinander und differenziert einzusetzen. Genauso müssen die Schenkel unterschiedlich eingesetzt werden können. Das ist am Anfang schwierig.

Die Schenkelhilfen unterscheiden sich in zwei Ausführungen:

- mit einem scharfen Kick nach innen
- mit vermehrtem Druck einwärts.

Diese zwei Schenkelhilfen können Sie noch variieren, wenn Sie die Lage des Reiterschenkels verändern:

- Für vermehrten Vorwärtsimpuls legen Sie den Schenkel dort vorne ein, wo er auch bei einem schnellen leichten Kick eingesetzt wird.
- Um das Pferd um den Schenkel biegen zu können, festigen Sie den Kontakt zu der Stelle, wo der Schenkel beim Grundsitz liegt.
- Wenn Sie den äußeren Schenkel weiter hinten mit einer kurzen Anfrage einsetzen, veranlassen Sie den Galopp.
- In dieser Position, der Schenkellage etwas weiter hinter dem Gurt und dicht am Pferd, können Sie die Hinterhand des Pferdes ansprechen oder kontrollieren.

Beim Zusammenklang von Schenkel- und Zügelhilfen ist es etwa wie beim Klavierspiel. Sie müssen lernen, Hände und Füße unterschiedlich einzusetzen.

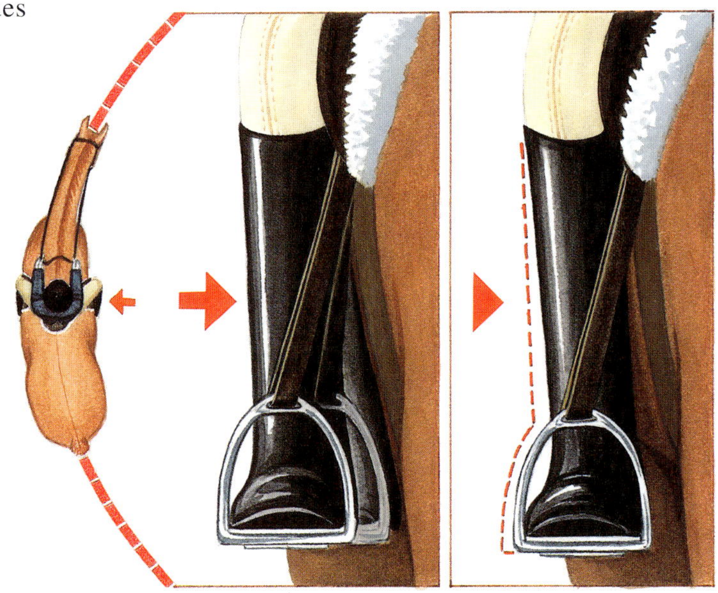

Wenn Sie den Reiterschenkel aus der Grundposition heraus einsetzen, veranlassen Sie das Pferd zu mehr Antritt. Mit mehr Nachdruck erreichen Sie, daß das Pferd sich biegt.

Der Zügelkontakt sollte in ständiger Anlehnung beibehalten werden. Zügelhilfen werden einfach über mehr oder weniger Druck auf einen oder beide Zügel veranlaßt.

Mit den Händen erfühlen Sie die Bewegungen des Pferdekopfes. Im Schritt und im Galopp werden die Reiterhände deutlich vor und zurück bewegt. Beim Trab entstehen leichte, jedoch unregelmäßige Bewegungen. Außerdem stellt sich das Pferd im Genick und Hals nach rechts oder links ein. Diese Dehnung dürfen Sie weder stören noch den Zügelkontakt verlieren.

Schenkel- und Zügelhilfen müssen immer aufeinander abgestimmt sein. Trotzdem gibt es die goldene Regel: „Erst treiben, dann lenken".

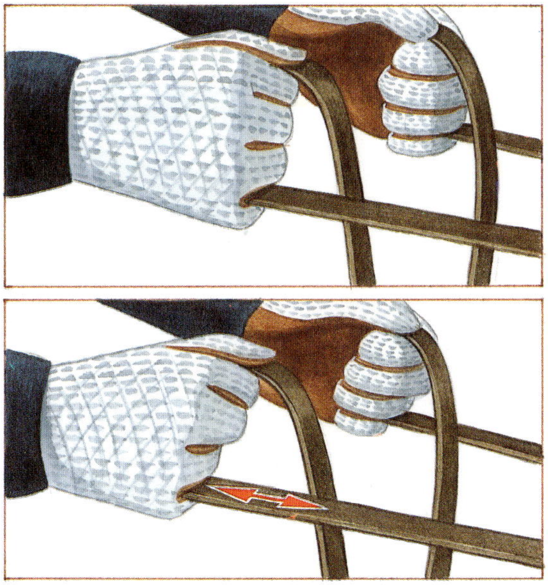

Die Zügelhilfen bestehen aus einem Annehmen und Nachgeben des Zügels, ohne dabei zu klammern oder zu ziehen.

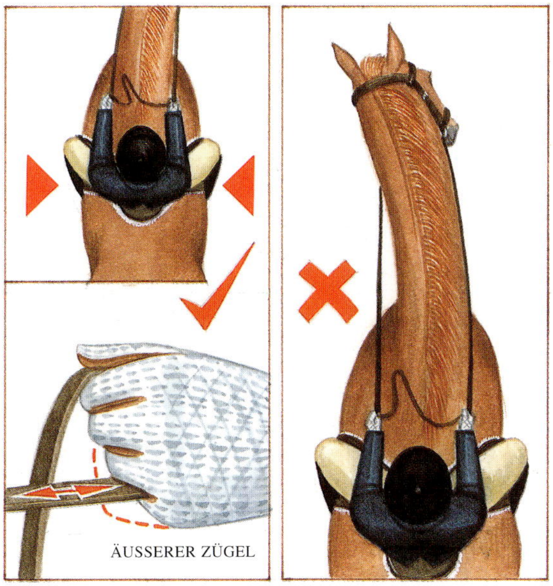

Mit der äußeren Zügelhand kontrollieren Sie das Tempo. Wenn Sie am äußeren Zügel ziehen, unterbrechen Sie die Biegung des Pferdes, und häufig verwirft es sich dann im Genick.

Der innere Zügel wird vom inneren Schenkel am Gurt unterstützt. Damit veranlassen Sie den Grad der Biegung des Pferdes auch beim Abwenden auf Volten oder Zirkellinien.

Das Pferd in der Biegung

In der Reitersprache sind die Begriffe „innen" und „außen" festgelegt, jedoch vielen Reitern nicht verständlich.

Wenn ein Pferd rechtsherum geritten wird, ist „innen" die rechte Seite und „außen" die linke.

Der Reiter versucht, sein Pferd in Bewegungsrichtung um den inneren Schenkel zu biegen. Auf einer sehr großen Zirkellinie muß sich das Pferd nur leicht biegen. Bei einer Volte ist die Biegung sehr viel stärker.

Das Zusammenspiel innerer und äusserer Zügelhilfen sollte der Reiter genauso klar beherrschen wie die Begriffe rechts und links.

Wird das Pferd auf der rechten Hand geritten, auch wenn es sich auf der langen Seite geradeaus auf der rechten Hand befindet, steht es am „rechten" Zügel, da es rechtsherum läuft.

Der innere Schenkel wirkt dabei mit verstärktem Druck am Gurt ein, damit das Pferd dem Druck ausweicht und sich um den inneren Schenkel biegt. Auf den inneren Zügel wirken Sie mit verstärktem und nachlassendem Druck ein, damit sich das Pferd nach innen stellt.

Dem äußeren Zügel kommt eine große Bedeutung in der Unterstützung des inneren Zügels zu. Mit konstanter, jedoch weicher Anlehnung verhindert er, daß das Pferd im Hals nach innen abknickt. Mit dem zurückgelegten äußeren Schenkel begrenzen Sie, wenn nötig, die Hinterhand des Pferdes vor dem Ausfallen aus der Bewegungsrichtung.

Bei höherem Ausbildungsstand sollte das Pferd an den äußeren Zügel vermehrt herantreten und nicht mehr an den inneren. Erst der fortgeschrittene Reiter kann den Wert des äußeren Zügels als Balancehilfe richtig einschätzen.

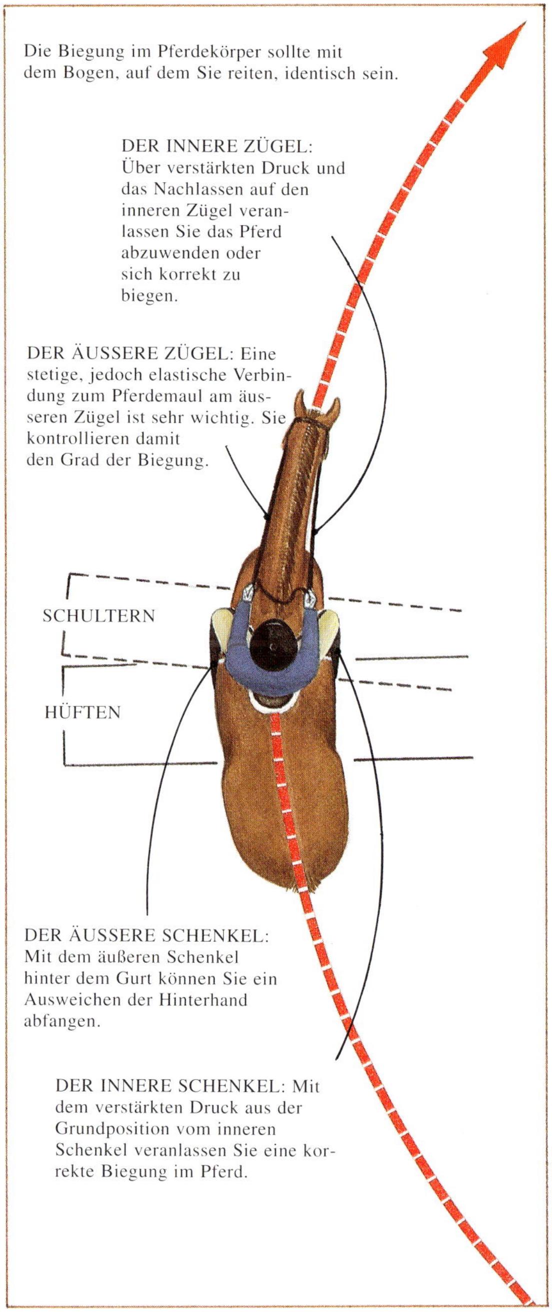

Die Schultern des Reiters sollten parallel zu den Schultern des Pferdes, seine Hüften parallel zu den Pferdehüften sein.

Galopphilfen

Das Pferd hat im Rechtsgalopp eine andere Fußfolge als im Linksgalopp. Das muß der Reiter wissen, bevor er sich den Einsatz von Galopphilfen zutraut.

Auf der rechten Hand springt das Pferd zuerst mit der linken Hinterhand an. Dann kommen gleichzeitig die linke Vorhand zum Boden, und zuletzt fußt die rechte Vorhand auf. Dieses zuletzt auffußende Bein nennt man das „führende" Vorderbein.

Im Linksgalopp ist die Fußfolge genau umgekehrt und die linke Vorhand wird zum führenden Vorderbein. Für Pferd und Reiter ist es leichter, kurz vor einer Ecke im Handgalopp anzugaloppieren.

Um rechts anzugaloppieren sollte der Reiter auf der rechten Hand im Trab reiten, dann kurz vor dem Durchreiten einer Ecke mit dem inneren Schenkel und Zügel ausreichend Stellung und Biegung erreichen, und während er weich im Sattel mitschwingt, den äußeren Schenkel mit leichtem Druck etwas hinter dem Gurt anlegen. Ein ausgebildetes Pferd wird dann direkt angaloppieren.

Der Reiter darf die Zügelanlehnung zu keiner Zeit aufgeben, da das Pferd dann nur aus dem Gleichgewicht kommt und anfängt zu laufen. Außerdem sollte er darauf achten, nicht nach vorne zu fallen oder herunterzuschauen, um nachzusehen, auf welcher Hand er galoppiert. Dadurch kommt das Pferd ebenfalls aus der Balance. Je früher der Reiter sich auf sein Gefühl verläßt, um so besser.

Ein „abgebrochener" Galopp, in dem das Pferd die Fußfolge verändert, ist sehr unangenehm für den Reiter und daher leicht spürbar. Sie sollten dann durchparieren zum Trab und neu angaloppieren.

Rechtsgalopp: Der äußere, linke Schenkel des Reiters liegt verwahrend deutlich hinter dem Gurt und veranlaßt mit einem Impuls auf das linke Hinterbein des Pferdes die erste Galopp-Phase.

Derselbe Vorgang von hinten. Achten Sie darauf, wie der innere Schenkel am Gurt liegt und daß das Pferd nach rechts gestellt ist.

Zirkel und Volten

Die Durchlässigkeit Ihres Pferdes verbessert sich, wenn Sie häufig auf gebogenen Linien (Volten) reiten.

Wer einen Kreis ausreiten will, muß zwei Dinge bedenken:
- wo genau die Kreislinie anfängt,
- wie groß er sein soll.

Jede Unklarheit und Unsicherheit des Reiters äußert sich in häufig unmerklichem Ungehorsam.

Um einen genauen Kreisbogen zu reiten, muß er die vorbereitenden Hilfen ein paar Schritte vor dem Abwenden geben.

Zuerst sollten der Reiter sichergehen, daß sein Pferd in Bewegungsrichtung um den inneren Schenkel gebogen und mit dem inneren Zügel eingestellt ist, während es gleichzeitig am äußeren Zügel steht. Dabei handelt es sich um sehr unauffällige,weiche Hilfen.

Am Wendepunkt zur Kreislinie sollte der Reiter eindeutig in die Bewegungsrichtung schauen und die Hilfen am inneren Schenkel und Zügel verstärken. Dabei spielt der äußere Zügel eine große Rolle. Wenn der Kontakt zu sehr nachläßt, verliert das Pferd die Unterstützung auf der Kreislinie. Wenn die Hand nicht vorgeht, kann das Pferd sich nicht nach innen stellen und biegen.

Wenn Sie erst einmal auf der Kreislinie sind, brauchen Sie nur unter Beibehaltung vom selben Grad der Biegung weiter rhythmisch vorwärts zu reiten, und der Bogen wird kreisrund sein.

Häufig möchte das Pferd aus mangelnder Losgelassenheit den erforderlichen Grad der Biegung vermeiden und fällt mit der Hinterhand aus der Kreislinie aus. Um das zu verhindern, muß der Reiter mit dem äußeren Schenkel als verwahrendem Schenkel jedes Ausweichen eines Hinterbeines von der Kreislinie abfangen.

Sie sollten Ihrem Pferd genauso häufig auf der rechten, wie auf der linken Hand Biegearbeit über Zirkellinien anbieten. Achten Sie dabei besonders auf den Moment des Richtungswechsels. Dabei sollte das Pferd einen Moment lang geradeaus

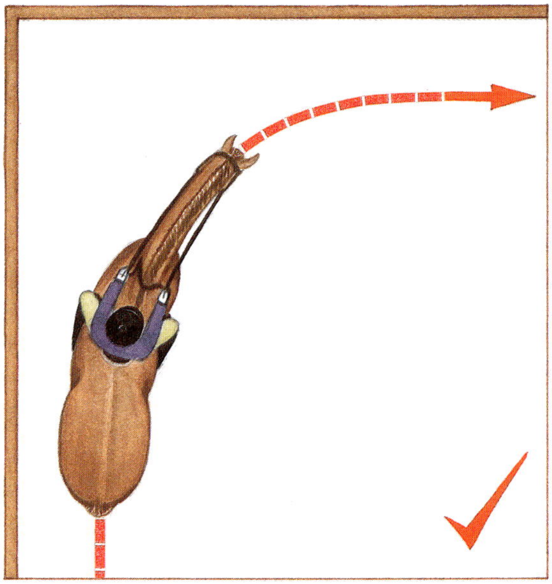

Jede Wendung sollten Sie so reiten wie eine Viertelvolte. Das Pferd ist korrekt auf die Kreislinie gestellt. Beachten Sie, wie die äußere Reiterhand angemessen zur Biegung vorgeht.

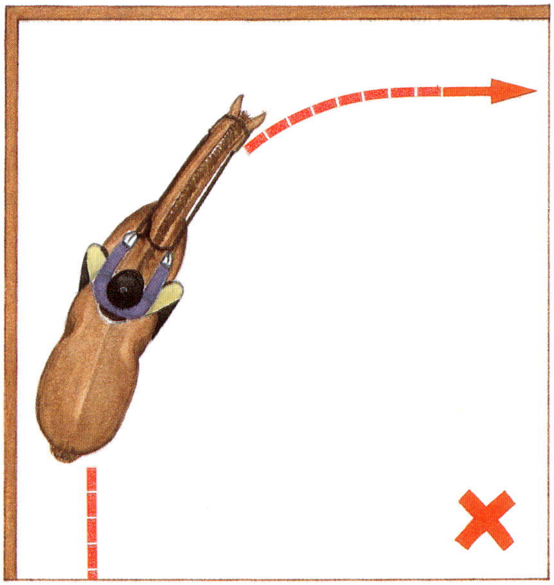

Dieses Abwenden ist unkorrekt. Das Pferd ist nicht durchgängig gebogen. Es streckt seinen Hals geradeaus nach vorne und fällt mit der Hinterhand aus.

gerichtet sein, bevor es in die neue Bewegungsrichtung gestellt und gebogen wird.

Obwohl die meisten Pferde auf einer Seite steifer sind, müssen sie lernen, an den äußeren Zügel heranzutreten und sich nicht nach der einen Richtung mehr zu biegen als zur anderen.

Es gilt folgende Fehler zu vermeiden:

• Ausfallen: Dabei macht sich das Pferd innen zu "hohl" und weicht über die äussere Schulter der gebogenen Linie aus. Sie können diesen Fehler korrigieren über einen vermehrten Kontakt mit dem äusseren, verwahrenden Schenkel.

• Das Pferd fällt auf die innere Schulter: Es biegt sich dabei entgegen der Bewegungsrichtung nach außen und lehnt sich nach innen. Mit dem energischen Einsatz des inneren Schenkels können Sie diesen Fehler beheben, unterlegt mit wechselndem Anlegen und Nachgeben über den inneren Zügel.

Das Pferd fällt auf die innere Schulter. Es ist nach außen gestellt und gebogen und landet mit dem Gewicht auf dem inneren Vorderfuß. Der Reiter muß jetzt stark korrigierend einwirken.

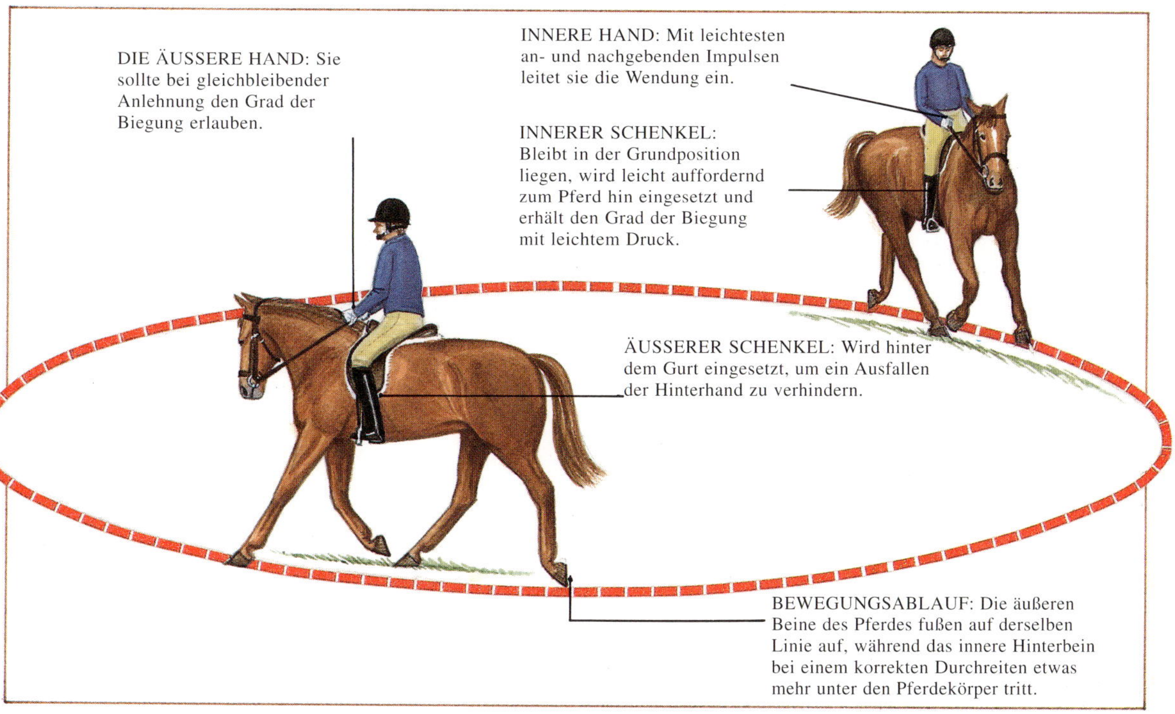

Die Vorhandwendung

Die Vorhandwendung ist meistens die erste Übung zum seitwärtstreibenden Schenkel, die gelehrt wird. Zum erstenmal muß der Reiter dabei seine Hände und Beine unabhängig voneinander verschieden einsetzen.

Die Vorhandwendung leitet man nur aus dem Halten ein. Man steht dafür jedoch auf dem zweiten Hufschlag.

Im Idealfall steht das Pferd gerade und gleichmäßig auf allen vier Beinen. Dann dreht sich das Pferd, nachdem es zum Zaun oder zur Bande hin eingestellt ist, mit den Vorderbeinen rhythmisch auf der Stelle tretend, während es mit seinen Hinterbeinen in einem halben Kreis um seine Vorderbeine herumtritt.Dabei sollte das innere Hinterbein vor dem äußeren kreuzend übertreten. Das Pferd ist dabei in Bewegungsrichtung eingestellt. Es sollte seine rhythmische Fußfolge im Schritt behalten und nicht rückwärts treten.

Für eine Vorhandwendung nach rechts, beginnt die Hilfengebung des Reiters auf der linken Hand. Er läßt sein Pferd also auf dem zweiten Hufschlag auf allen vieren geschlossen anhalten. Dann stellt er mit Hilfe einer Anfrage vom rechten Zügel das Pferd nach rechts ein.

Mit der äußeren Hand halten Sie ein Vortreten des Pferdes auf, während Sie jedoch die Innenstellung (hier rechts) nicht stören. Den inneren (hier rechten) seitwärts treibenden Schenkel setzen Sie etwas hinter dem Gurt ein und veranlassen so die Hinterhand zum seitlichen Übertreten. Der äußere (hier linke) verwahrende Schenkel liegt ebenfalls hinter dem Gurt.

Nach Vollenden dieser Vorhandwendung sollten die vortreibenden Hilfen unmittelbar wieder einsetzen.

Als Reiter sollten Sie das Gefühl haben, die Pferdeschultern kontrollieren zu können, während das Pferd mit der Hinterhand um die Vorderhand herumtritt.

Bei der Vorhandwendung nach rechts, beschreibt das Pferd mit der Hinterhand einen halben Kreis um seine Vorderhand. Mit dem rechten Vorderbein tritt es auf der Stelle, während es mit dem rechten Hinterbein vor dem linken kreuzt.

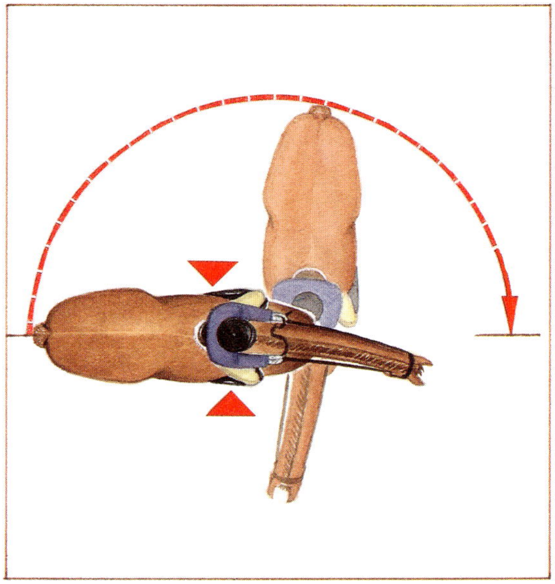

Mit dem rechten Zügel wird das Pferd nach rechts gestellt. Der linke Zügel hält es vor dem Vortreten auf. Der rechte Schenkel gibt den Impuls zum Übertreten, der linke wartet ab und empfängt.

Schulterherein

Wenn der Reiter die Vorhandwendung beherrscht und somit gelernt hat, die Zügel- und Schenkelhilfen unabhängig voneinander einzusetzen, kann er versuchen, das Pferd „Schulterherein" zu reiten.

Es wird im Trab geritten, und der Reiter bekommt dabei eine gute Kontrolle über die Schulter des Pferdes. Bei der Vorhandwendung bleibt die Position der Schultern gleich. Beim Schulterherein jedoch werden sie einen Hufschlag weiter nach innen versetzt, während die Hinterhand bleibt.

Das Pferd wird sanft nach innen gestellt. Es geht jetzt auf drei Hufschlägen, bei fortgeschrittener Ausbildung sogar auf vier. Mit seinem inneren Hinterfuß und mit seinem äußeren Vorderfuß bewegt es sich auf demselben Hufschlag. Dabei bleibt es mit dem inneren Vorderfuß und dem inneren Hinterfuß auf jeweils einem eigenen Hufschlag. Sie verlieren den Wert der Übung, wenn sich Ihr Pferd dabei nicht biegt.

Es ist leichter, das Schulterherein aus einer Volte heraus einzuleiten. Das Pferd ist dabei schon ausbalanciert in einer Biegung und besser versammelt. Sie sollten die Übung aus einem etwas versammelteren Tempo heraus reiten als aus dem Arbeitstrab.

Nach Durchreiten der Ecke oder aus einer Volte heraus sollte das Pferd schon korrekt eingestellt sein für das Schulterherein. Wenn Sie auf der Geraden beginnen, sollten Sie das Pferd mit etwas Innenstellung und Innenbiegung vorbereiten. (Immer Schenkel, immer Zügel.)

Die Übung hat begonnen, wenn der Reiter über den äußeren Zügel das Pferd dazu veranlaßt, den äußeren Hufschlag mit der äußeren Schulter zu verlassen, bei gleichzeitiger Innenstellung und Biegung über leichtesten Kontakt vom inneren Zügel. Mit dem inneren Schenkel am Gurt erhalten Sie den Vorwärtsimpuls. Das Pferd bewegt sich dann vorwärts / seitwärts entlang dem Hufschlag, während der äußere Schenkel verwahrend und korrigierend eingesetzt wird.

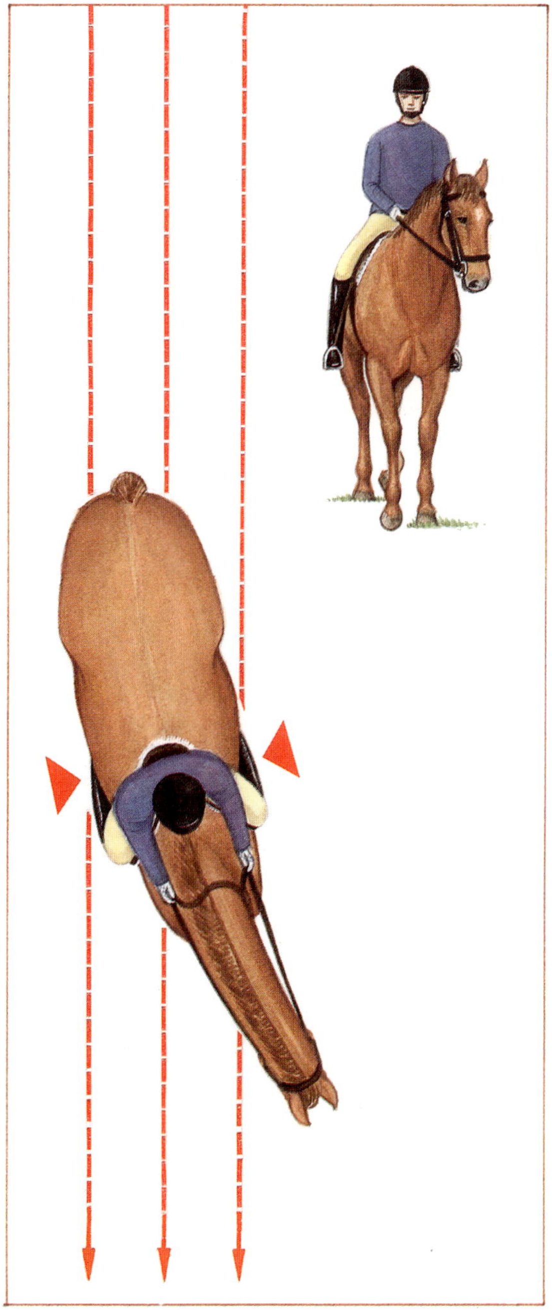

Schulterherein auf drei Hufschlägen. Beachten Sie die leichte Innenstellung über den inneren Zügel, während der äußere verwahrend begleitet.

Zu guter Letzt

Vielleicht ist Ihnen aufgefallen, daß häufig scheinbar dieselben Hilfen für unterschiedliche Zielsetzungen eingesetzt werden. So ist es, aber nur teilweise.

Es handelt sich um eine ganz subtile Kombination von Schenkel-, Gewichts- und Zügelhilfen, die die wundervolle Partnerschaft zwischen Pferd und Reiter ausmacht. Dazu kommt ein letzter Rest minutiöser Feinabstimmung, die der Reiter entwickelt.

Erst wenn der Reiter leichteste, fast unsichtbare Hilfen, einsetzen kann, ist dieses Stadium erreicht. Davor wird er erst einmal danach trachten, die Abstimmung zwischen Schenkel- und Zügelhilfen zu finden.

Von Anfang an sollte der Reiter jedoch versuchen, immer wieder dieselben präzisen Hilfen einzusetzen, um sein Pferd nicht zu verwirren.

Die Basis guter Hilfegebung ist ein guter Sitz.

Die grundlegenden Hilfen sollten Sie beherrschen:

- Der äußere Schenkel liegt deutlich hinter dem Gurt. Er kontrolliert das Pferd an der Hinterhand und veranlaßt den Galoppsprung.
- Der innere Zügel beeinflußt Biegung und Bewegungsrichtung.
- Mit dem äußeren Zügel kontrollieren Sie das Tempo und den Grad der Biegung. Er wirkt verwahrend ein.

Sobald Sie als Reiter all diese Hilfen unabhängig voneinander einsetzen können, ohne dabei das Gleichgewicht zu verlieren, können Sie sich der zusätzlichen Feinabstimmung über den Einsatz der Gewichtshilfen zuwenden und bedienen. Der Einfluß vom Sitz des Reiters geht von den Sitzbeinhöckern (Gesäßknochen) aus. Eine Hüfte oder beide werden kurzzeitig nach vorne geschoben, um punktuell mehr Gewicht auf einen der (oder beide) Gesäßknochen zu bringen.

Der Reiter sollte sein Pferd dabei nicht verwirren, indem er sein Signalsystem verändert. Aber er weiß jetzt, daß das Pferd durch Wiederholung lernen kann, da es so ein großartiges Erinnerungsvermögen hat.

Der Reiter, insbesondere der Reitanfänger, sollte nie sauer werden, wenn sein Pferd scheinbar ungehorsam ist. Statt dessen sollte er seine Hilfengebung neu überdenken:

„War ich klar?"

„Hat es mich verstanden?"

„Ist es in der Lage, die Hilfen umzusetzen?"

Wenn Sie nur eine dieser Fragen mit nein beantworten, lag der Fehler mit Sicherheit beim Reiter.

Wenn das Pferd diesen Fehler gemacht hat, dann vielleicht aus Unaufmerksamkeit. In diesem Fall sollten die eingesetzten Schenkelhilfen mit der Gerte unterstützt werden. Wenn es nervös oder ängstlich ist, sollten Sie es beruhigen. Der Reiter sollte nie mit den Händen grob einwirken.

Am Anfang mag es sehr schwierig erscheinen, Zügel- und Schenkelhilfen zu koordinieren. Nach und nach werden die Hilfen Ihnen reflexhaft zur Verfügung stehen. Sie brauchen nicht mehr darüber nachzudenken, während Sie die Hilfen einsetzen. Dann haben Sie die besten Hilfen überhaupt entwickelt, nämlich das Reitergefühl.

Sie spüren dann mit dem Körper, was Ihr Pferd tut oder braucht und verlassen sich nicht mehr auf Ihre Augen und Ihr Gehirn.

Jetzt sind Sie ein guter Reiter!